MW00466559

IN CELEBRATION OF

____

A guest book

IS MORE THAN JUST A PLACE FOR THE NAMES OF ATTENDEES.

It is a keepsake full of thoughts and well wishes for the new baby and the family. Years from now, your guest book will be a cherished memento of this joyful occasion.

Advice & Wishes

Guest Name

ADVICE FOR PARENTS

WISHES FOR BABY

ADVICE FOR PARENTS

WISHES FOR BABY

Guest Name
ADVICE FOR PARENTS
WISHES FOR BABY

Guest Name
ADVICE FOR PARENTS
WISHES FOR BABY

ADVICE FOR PARENTS

WISHES FOR BABY

Guest Name

ADVICE FOR PARENTS

WISHES FOR BABY

Guest Name
ADVICE FOR PARENTS
WISHES FOR BABY

Guest Name
ADVICE FOR PARENTS
WISHES FOR BABY

Guest Name
ADVICE FOR PARENTS
WISHES FOR BABY

Guest Name
ADVICE FOR PARENTS
WISHES FOR BABY

Guest Name
ADVICE FOR PARENTS
WISHES FOR BABY

Guest Name
ADVICE FOR PARENTS
WISHES FOR BABY

Guest Name
ADVICE FOR PARENTS
WISHES FOR BABY

Guest Name
ADVICE FOR PARENTS
WISHES FOR BABY

Guest Name
ADVICE FOR PARENTS
WISHES FOR BABY

Guest Name
ADVICE FOR PARENTS
WISHES FOR BABY

Guest Name
ADVICE FOR PARENTS
WISHES FOR BABY

Guest Name
ADVICE FOR PARENTS
WISHES FOR BABY

Guest Name
ADVICE FOR PARENTS
WISHES FOR BABY

Guest Name
ADVICE FOR PARENTS
WISHES FOR BABY

Guest Name
ADVICE FOR PARENTS
WISHES FOR BABY

Guest Name

ADVICE FOR PARENTS

____

____

____

WISHES FOR BABY

____

____

____

ADVICE FOR PARENTS

WISHES FOR BABY

Guest Name
ADVICE FOR PARENTS
WISHES FOR BABY

Guest Name
ADVICE FOR PARENTS
WISHES FOR BABY

Guest Name
ADVICE FOR PARENTS
WISHES FOR BABY

Guest Name

ADVICE FOR PARENTS

WISHES FOR BABY

Guest Name
ADVICE FOR PARENTS
WISHES FOR BABY

Guest Name

ADVICE FOR PARENTS

WISHES FOR BABY

Guest Name
ADVICE FOR PARENTS
WISHES FOR BABY

Guest Name

ADVICE FOR PARENTS

WISHES FOR BABY

Guest Name
ADVICE FOR PARENTS
WISHES FOR BABY

Guest Name
ADVICE FOR PARENTS
WISHES FOR BABY

Guest Name

ADVICE FOR PARENTS

WISHES FOR BABY

Guest Name
ADVICE FOR PARENTS
WISHES FOR BABY

Guest Name
ADVICE FOR PARENTS
WISHES FOR BABY

Guest Name
ADVICE FOR PARENTS
WISHES FOR BABY

Guest Name

ADVICE FOR PARENTS

WISHES FOR BABY

Guest Name
ADVICE FOR PARENTS
WISHES FOR BABY

Guest Name

ADVICE FOR PARENTS

WISHES FOR BABY

ADVICE FOR PARENTS

WISHES FOR BABY

Guest Name
ADVICE FOR PARENTS
WISHES FOR BABY

ADVICE FOR PARENTS

WISHES FOR BABY

ADVICE FOR PARENTS

WISHES FOR BABY

Guest Name
ADVICE FOR PARENTS
WISHES FOR BABY

Guest Name
ADVICE FOR PARENTS
WISHES FOR BABY

ADVICE FOR PARENTS

WISHES FOR BABY

Guest Name
ADVICE FOR PARENTS
WISHES FOR BABY

ADVICE FOR PARENTS

WISHES FOR BABY

ADVICE FOR PARENTS

WISHES FOR BABY

Guest Name
ADVICE FOR PARENTS
WISHES FOR BABY

ADVICE FOR PARENTS

WISHES FOR BABY

Guest Name
ADVICE FOR PARENTS
WISHES FOR BABY

Guest Name

ADVICE FOR PARENTS

WISHES FOR BABY

ADVICE FOR PARENTS

WISHES FOR BABY

ADVICE FOR PARENTS

WISHES FOR BABY

Guest Name
ADVICE FOR PARENTS
WISHES FOR BABY

Guest Name
ADVICE FOR PARENTS
WISHES FOR BABY

Guest Name
ADVICE FOR PARENTS
WISHES FOR BABY

Guest Name
ADVICE FOR PARENTS
WISHES FOR BABY

Guest Name
ADVICE FOR PARENTS
WISHES FOR BABY

ADVICE FOR PARENTS

WISHES FOR BABY

ADVICE FOR PARENTS

WISHES FOR BABY

Guest Name

ADVICE FOR PARENTS

WISHES FOR BABY

Guest Name
ADVICE FOR PARENTS
WISHES FOR BABY

ADVICE FOR PARENTS

WISHES FOR BABY

Guest Name
ADVICE FOR PARENTS
WISHES FOR BABY

ADVICE FOR PARENTS

WISHES FOR BABY

Guest Name

ADVICE FOR PARENTS

WISHES FOR BABY

Guest Name
ADVICE FOR PARENTS
WISHES FOR BABY

Guest Name
ADVICE FOR PARENTS
WISHES FOR BABY

Guest Name
ADVICE FOR PARENTS
WISHES FOR BABY

Guest Name
ADVICE FOR PARENTS
WISHES FOR BABY

Guest Name
ADVICE FOR PARENTS
WISHES FOR BABY

ADVICE FOR PARENTS

WISHES FOR BABY

ADVICE FOR PARENTS

WISHES FOR BABY

Guest Name
ADVICE FOR PARENTS
WISHES FOR BABY

Guest Name

ADVICE FOR PARENTS

WISHES FOR BABY

Guest Name
ADVICE FOR PARENTS
WISHES FOR BABY

Guest Name
ADVICE FOR PARENTS
WISHES FOR BABY

Guest Name
ADVICE FOR PARENTS
WISHES FOR BABY

Guest Name
ADVICE FOR PARENTS
WISHES FOR BABY

ADVICE FOR PARENTS

WISHES FOR BABY

Guest Name

ADVICE FOR PARENTS

WISHES FOR BABY

Guest Name
ADVICE FOR PARENTS
WISHES FOR BABY

Guest Name
ADVICE FOR PARENTS
WISHES FOR BABY

Guest Name

ADVICE FOR PARENTS

WISHES FOR BABY

Guest Name

ADVICE FOR PARENTS

WISHES FOR BABY

Guest Name
ADVICE FOR PARENTS
WISHES FOR BABY

Guest Name

ADVICE FOR PARENTS

WISHES FOR BABY

Guest Name
ADVICE FOR PARENTS
WISHES FOR BABY

ADVICE FOR PARENTS

WISHES FOR BABY

Guest Name
ADVICE FOR PARENTS
WISHES FOR BABY

Guest Name
ADVICE FOR PARENTS
WISHES FOR BABY

Guest Name
ADVICE FOR PARENTS
WISHES FOR BABY

Guest Name
ADVICE FOR PARENTS
WISHES FOR BABY

Guest Name
ADVICE FOR PARENTS
WISHES FOR BABY

Guest Name

ADVICE FOR PARENTS

WISHES FOR BABY

Guest Name
ADVICE FOR PARENTS
WISHES FOR BABY

ADVICE FOR PARENTS

WISHES FOR BABY

Gift List

GUESTS	GIFTS

GUESTS	GIFTS

GUESTS	GIFTS

GUESTS	GIFTS

GUESTS	GIFTS

GUESTS	GIFTS

GUESTS	GIFTS

GUESTS	GIFTS

GUESTS	GIFTS

GUESTS	GIFTS

ISBN 9781796303254

Tulamama LLC
Atlanta, GA, USA

www.tulamama.com

Printed in the United States of America

Our guest book collection is also available in the following themes:

Woodland Theme;

Nautical Theme (Available in Red and Blue, Pink, or Green);

Elephant Theme (Available in pink or blue);

Aztec Theme;

Twinkle Twinkle Little Star Theme;

“It's A Boy” Theme;

“It's a Girl” Theme;

Princess Theme (available in baby pink or dark pink);

Prince Theme (available in baby blue or navy blue);

Made in the USA
Monee, IL
26 February 2020